总体国家安全观普及丛书

GUOJIA KEJI ANQUAN ZHISHI BAIWEN

国家科技安全知识

本书编写组

人民出版社

前　言

习近平总书记提出的总体国家安全观立意高远、思想深刻、内涵丰富，既见之于习近平总书记关于国家安全的一系列重要论述，也体现在党的十八大以来国家安全领域的具体实践。总体国家安全观所指的国家安全涉及领域十分宽广，集政治、国土、军事、经济等多个领域安全于一体，但又不限于此，会随着时代变化而不断发展，是一种名副其实的"大安全"。为推动学习贯彻总体国家安全观走深走实，引导广大公民增强国家安全意识，在第六个全民国家安全教育日到来之际，中央有关部门组织编写了首批重点领域国家安全普及读本，其中涵盖科技安全、核安全、生物安全等3个领域。

首批国家安全普及读本参照《国家安全知识百问》样式，采取知识普及与重点讲解相结合的形式，内容准确权威、简明扼要、务实管用。读本始终聚焦总体国家安全观，准确把握党中央最新精神，全面反映国家安全形势新变化，紧贴重点领域国家安全工作实际，并兼顾实用性与可读性，配插了图片、图示和视频二维码，对于普及总体国家安全观教育和提高公民"大安全"意识，很有帮助。

总体国家安全观普及读本编委会

2021 年 2 月

C目录
ONTENTS

篇 一

★ **深刻理解科技安全** ★

篇 二

★ 维护科技自身安全 ★

篇 三

★ 科技支撑国家安全 ★

--- 篇 四 ---

★ **提高科技安全治理能力** ★

篇一

深刻理解科技安全

科技安全概念知多少？

科技安全是指科技体系完整有效，国家重点领域核心技术安全可控，国家核心利益和安全不受外部科技优势危害，以及维护科技持续发展的能力。

> **》相关知识　国家安全**
>
> 《国家安全法》第二条规定：国家安全是指国家政权、主权、统一和领土完整、人民福祉、经济社会可持续发展和国家其他重大利益相对处于没有危险和不受内外威胁的状态，以及保障持续安全状态的能力。
>
>

总体国家安全观对科技安全提出什么要求？

总体国家安全观明确提出，要以人民安全为宗旨，以政治安全为根本，以经济安全为基础，以军事、科技、文化、社会安全为保障，以促进国际安全为依托，走出一条中国特色国家安全道路。

> ❯ **相关知识**　**总体国家安全观**
>
> 2014年4月15日上午，习近平总书记在主持召开中央国家安全委员会第一次会议时首次提出总体国家安全观。总体国家安全观内涵十分丰富，包括政治、国土、军事、经济、文化、社会、科技、网络、生态、资源、核、海外利益等重点领域安全，以及深海、极地、太空、生物等新型领域安全。

中共中央政治局就切实做好国家安全工作举行第二十六次集体学习

科技安全主要包括哪些方面？

科技安全包括科技自身安全和科技支撑保障相关领域安全，涵盖科技人才、设施设备、科技活动、科技成果、成果应用安全等多个方面，是支撑国家安全的重要力量和物质技术基础。

⊙ 延伸阅读 科技安全问题产生的主要原因

造成科技安全问题既有科技自身的原因，也有外部的原因。一般来说，主要受以下因素的影响：一是科技自身能力。由于科技自身能力不足，难以抵御外部风险，科技发展面临较高的脆弱性。二是外部环境。由于外部环境复杂多变以及外部不利甚至敌对因素的存在，使科技发展随时面临外部风险侵害的可能。三是发展阶段转换。由于经济社会和科技发展阶段转换，主要矛盾发生变化，科技发展不能及时适应发展目标和任务要求进行调整和提升，难以发挥支撑和引领作用。四是体制机制。由于科技体制机制不健全、与宏观体制不适应等，存在运行不协调、系统效率低的风险。

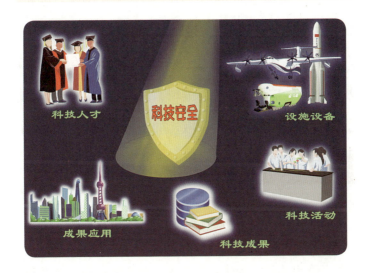

4　维护科技安全有哪些主要任务？

　　加强体系建设和能力建设，完善国家创新体系，解决资源配置重复、科研力量分散、创新主体功能定位不清晰等突出问题，提高创新体系整体效能。加快补短板，建立自主创新的制度机制优势。加强重大创新领域战略研判和前瞻部署，抓紧布局国家实验室，重组国家重点实验室体系，建设重大创新基地和创新平台，完善产学研协同创新机制。强化事关国家安全和经济社会发展全局的重大科技任务的统筹组织，强化国家战略科技力量建设。加快科技安全预警监测体系建设，围绕人工智能、基因编辑、医疗诊断、自动驾驶、无人机、服务机器人等领域，加快推进相关立法工作。

> **延伸阅读** **《国家安全法》对维护科技安全的规定**

《国家安全法》第二十四条规定：国家加强自主创新能力建设，加快发展自主可控的战略高新技术和重要领域核心关键技术，加强知识产权的运用、保护和科技保密能力建设，保障重大技术和工程的安全。

习近平在省部级主要领导干部坚持底线思维着力防范化解重大风险专题研讨班开班式上发表重要讲话

5 为什么说科技安全是国家安全的重要保障？

　　科技安全是国家安全的重要组成部分，是塑造中国特色国家安全的物质技术基础。历史证明，科技兴则国家兴，科技强则国家强。近代我国错过几次科技革命、工业革命的发展机会，科技落后、国力羸弱、被动挨打。新中国成立特别是改革开放以来，党和国家大力发展科技事业，科技在支撑发展和维护国家安全中发挥了至关重要的作用。当前，科技越来越成为

影响国家竞争力和战略安全的关键要素，在维护相关领域安全中的作用更加凸显。

 如何理解科技安全是实现其他相关领域安全的关键要素？

科技安全是支撑和保障其他领域安全的力量源泉和逻辑起点。习近平总书记指出："只有把核心技术掌握在自己手中，才能真正掌握竞争和发展的主动权，才能从根本上保障国家经济安全、国防安全和其他安全。"

科技是实现政治、国土、军事、经济、文化、社会、网络等各领域安全的关键实力要素，是解决各种传统安全和非传统安全问题的核心力量。保障上述重点领域的安全，必须维护各领域的科技安全，改变核心技术受制于人的局面。

搭乘创新"快车"，抓住世界机遇

 怎样理解科技安全是实施创新驱动发展战略的基本保障？

　　党的十八大作出实施创新驱动发展战略的重大部署，强调科技创新是提高社会生产力和综合国力的战略支撑，必须把创新摆在国家发展全局的核心位置。党的十九届五中全会强调，坚持创新在我国现代化建设全局中的核心地位，把科技自立自强作为国家发展的战略支撑。实施创新驱动发展战略，科技安全是最基本的前提条件。只有不断完善科技创新体系，切实增强自主创新能力，维护我国科技持续发展的安全状态，才能实现以科技创新为核心的商业模式、管理、体制机制和环境等全面创新，推动创新驱动发展战略加快实施。

"嫦娥三号"着陆月球

 ## 科技创新在百年未有之大变局中发挥什么作用？

习近平总书记指出，当今世界正经历百年未有之大变局，科技创新是其中一个关键变量。我们要于危机中育先机、于变局中开新局，必须向科技创新要答案。

 为什么应对重大风险挑战必须依靠科技自立自强？

　　当前，我国发展的内外部环境发生深刻变化，外部环境的不稳定性、不确定性明显增加，经济全球化和科技全球化遭遇逆流，科学人文交流和技术创新合作受到不利影响。实践反复告诉我们，关键核心技术是要不来、买不来、讨不来的，没有科技自立自强，在国际竞争中"腰杆子就不硬"，就会被锁定在创新链和产业链低端。只有把中国的科技创新建立在自立自强的坚实基础上，形成应对风险挑战的抗压能力、对冲能力和反制能力，才能有效维护国家安全和战略利益。

> **延伸阅读** 科技创新的定位与要求

中国共产党第十九届中央委员会第五次全体会议提出，坚持创新在我国现代化建设全局中的核心地位，把科技自立自强作为国家发展的战略支撑，面向世界科技前沿、面向经济主战场、面向国家重大需求、面向人民生命健康，深入实施科教兴国战略、人才强国战略、创新驱动发展战略，完善国家创新体系，加快建设科技强国。要强化国家战略科技力量，提升企业技术创新能力，激发人才创新活力，完善科技创新体制机制。

 为什么说科技发展与科技安全息息相关？

发展是安全的基础和目的，安全是发展的条件和保障。党的十八大以来，以习近平同志为核心的党中央把科技创新摆在国家发展全局的核心位置，我国科技事业实现了历史性、整体性、格局性重大变化。我国科技实力的快速提升，为维护科技安全乃至国家安全奠定了厚实的基础。实现"两个一百年"奋斗目标，建设世界科技强国，必须统筹发展与安全，坚定不移实施创新驱动发展战略，加快提升创新能力和科技实力，全面增强科技维护和塑造国家总体安全的能力。

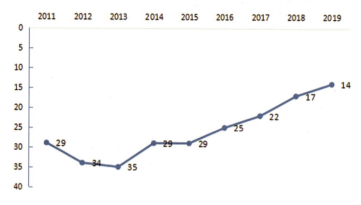

2011—2019年中国在全球创新指数中的世界排名（位）

 如何理解新一轮科技革命和产业变革的机遇挑战？

当前，我们迎来了世界新一轮科技革命和产业变革同我国转变发展方式的历史性交汇期，既面临着千载难逢的历史机遇，又面临着差距拉大的严峻挑战。我们必须清醒认识到，有的历史性交汇期可能产生同频共振，有的历史性交汇期也可能擦肩而过，形势逼人，挑战逼人，使命逼人。新科技革命和产业变革将是最难掌控但必须面对的不确定性因素之一，抓住了就是机遇，抓不住就是挑战。

> **重要论述** 新一轮科技革命和产业变革

　　进入 21 世纪以来，全球科技创新进入空前密集活跃的时期，新一轮科技革命和产业变革正在重构全球创新版图、重塑全球经济结构。以人工智能、量子信息、移动通信、物联网、区块链为代表的新一代信息技术加速突破应用，以合成生物学、基因编辑、脑科学、再生医学等为代表的生命科学领域孕育新的变革，融合机器人、数字化、新材料的先进制造技术正在加速推进制造业向智能化、服务化、绿色化转型，以清洁高效可持续为目标的能源技术加速发展将引发全球能源变革，空间和海洋技术正在拓展人类生存发展新疆域。科学技术从来没有像今天这样深刻影响着国家前途命运，从来没有像今天这样深刻影响着人民生活福祉。

　　——习近平 2018 年 5 月 28 日在中国科学院第十九次院士大会、中国工程院第十四次院士大会上的讲话

> 相关知识　人类历史上的科技革命

　　18世纪以来，世界发生了几次重大科技革命，如近代物理学诞生、蒸汽机和机械、电力和运输、相对论和量子论、电子和信息技术发展等。在此带动下，世界经济发生多次产业革命，如机械化、电气化、自动化、信息化。每一次科技和产业革命都深刻改变了世界发展面貌和格局。

每一次重大科技革命都深刻改变了世界面貌

为何说科技创新能力不足是我国经济发展的"阿喀琉斯之踵"?

创新发展注重的是解决发展动力问题。我国创新能力不强，科技发展水平总体不高，科技对经济社会发展的支撑能力不足，科技对经济增长的贡献率远低于发达国家水平，这是我国这个经济大个头的"阿喀琉斯之踵"。新一轮科技革命带来的是更加激烈的科技竞争，如果科技创新搞不上去，发展动力就不可能实现转换，我们在全球经济竞争中就会处于下风。

> **❯ 重要论述**　创新是引领发展的第一动力
>
> 纵观人类发展历史，创新始终是推动一个国家、一个民族向前发展的重要力量，也是推动整个人类社会向前发展的重要力量。
>
> ——习近平 2014 年 8 月 18 日在中央财经领导小组第七次会议上的讲话

创新是引领发展的第一动力。抓创新就是抓发展，谋创新就是谋未来。适应和引领我国经济发展新常态，关键是要依靠科技创新转换发展动力。

——习近平2015年3月5日在参加十二届全国人大三次会议上海代表团审议时的讲话

〉延伸阅读　"阿喀琉斯之踵"

阿喀琉斯是古希腊神话中有名的勇士，拥有超人的体魄和刀枪不入的肉身，只有脚踵部位是他全身唯一的弱点，在特洛伊战争中被毒箭射中脚踵而丧命。后人常将"阿喀琉斯之踵"引申为致命的弱点和要害。

13 如何理解"科技兴则民族兴，科技强则国家强"？

重视科技的历史作用，是马克思主义的一个基本观点。恩格斯说："在马克思看来，科学是一种在历史上起推动作用的、革命的力量。"邓小平对科技作用的著名论断大家都很熟悉，就是"科学技术是第一生产力"。近代以来，中国屡屡被经济总量远不如我们的国家打败，为什么？其实，不是输在经济规模上，而是输在科技落后上。

> **延伸阅读** **"科学技术是第一生产力"论断的提出**
>
> "科学技术是第一生产力"是邓小平提出的重要论断。在 1978 年 3 月召开的全国科学大会开幕式上，邓小平指出：科学技术是生产力，这是马克思主义历来的观点。1988 年 9 月，邓小平在会见捷克斯洛伐克总统胡萨克时，提出了"科学技术是

第一生产力"的重要论断。1992 年初，在视察南方时的谈话中，邓小平再次强调科学技术是第一生产力。

 新时代经济社会发展对科技安全提出了哪些新要求？

中国特色社会主义进入新时代，我国社会主要矛盾转化为人民日益增长的美好生活需要和不平衡不充分的发展之间的矛盾，人民群众对清新空气、安全食品、优美环境、健康生活的需求越来越强烈。我国经济发展从高速增长向高质量发展转变，面临着发展方式转变、新旧动能转换和外部环境复杂多变的多重压力，产业发展存在外部打压和"低端锁定"风险。新时代经济社会发展，迫切要求全面提升科技实力和科技安全保障能力，在更大范围、更高水平上对国家安全发挥战略支撑作用。

15　科技快速发展对科技安全提出了哪些新挑战？

新一轮科技革命和产业变革加速演进，多学科、多领域交叉融合不断加深，信息技术、生物技术等新兴技术快速发展并广泛应用，科技创新的渗透性、扩散性、颠覆性特征正在深刻改变人类社会的生产生活方式，重塑经济发展方式。人工智能、合成生物学、基因编辑等技术对社会伦理产生极大冲击，此次新冠肺炎疫情对生物安全提出了更加紧迫的要求。区块链、大数据、云计算等对信息安全、网络安全、金融安全带来极大挑战，技术谬用和滥用对社会公共利益和国家安全构成潜在威胁，政府、社会治理面临新的挑战。同时，科技发展拓展了国家安全的时空领域，外部安全与内部安全、传统安全与非传统安全交织存在。

> **◐ 相关知识** 什么是 CRISPR/Cas9 基因编辑 技术?

CRISPR/Cas9 基因编辑技术是一种生物学工具，能以前所未有的精度来编辑基因组，而且比其他方法更简便、成本更低。CRISPR/Cas9 就像文本编辑工具一样，通过"剪切和粘贴"脱氧核糖核酸（DNA）序列的机制来编辑基因组。

16 为什么维护科技安全非走自主创新道路不可?

实践告诉我们，自力更生是中华民族自立于世界民族之林的奋斗基点，自主创新是我们攀登世界科技高峰的必由之路。过去，我国发展主要靠引进上次工业革命的成果，基本是利用国外技术，早期是二手技术，后期是同步技术；现在，如果仍采用这种思路，不仅差距会越拉越大，还将被长期锁定在产业分工格局的低端。在日趋激烈的全球综合国力竞争中，我们没有更多选择，非走自主创新道路不可。

> **典型案例**　从"拉美奇迹"到"拉美陷阱"

　　20世纪50—80年代，拉美国家利用原材料、劳动力等比较优势，吸引了大量资金和技术，实现了经济快速增长，创造了"拉美奇迹"。然而，由于拉美国家经济增长过分依赖外国资本和技术，自主创新能力受到严重削弱，产业升级乏力，经济对外依赖性增强，造成了有增长无发展的"拉美陷阱"。

我国科技创新存在哪些风险和
短板？

　　当前，我国科技领域仍然存在一些亟待解决的突出问题，特别是同党的十九大提出的新任务新要求相比，我国科技在视野格局、创新能力、资源配置、体制政策等方面存在诸多不适应的地方。我国基础科学研究短板依然突出，企业对基础研究重视不够，重大原创性成果缺乏，底层基础技术、基础工艺能力不足，工业母机、高端芯片、基础软硬件、开发平台、基本算法、基础元器件、基础材料等瓶颈仍然突出，关键核心技术受制于人的局面没有得到根本性改变。我国技术研发聚焦产业发展瓶颈和需求不够，以全球视野谋划科技开放合作还不够，科技成果转化能力不强。我国人才发展体制机制还不完善，激发人才创新创造活力的激励机制还不健全，顶尖人才和团队比较缺乏。我国科技管理体制还不能完全适应建设世界科技强国的需要，科技体制改革许多重大决策落实还没有形成合力，科技创新政策与经济、产业政策的统筹衔接还不够，全社会鼓励创新、包容创新的机制和环境有待优化。

18　如何理解打造非对称性"杀手锏"？

全面研判世界科技创新和产业变革大势，既要重视不掉队问题，也要从国情出发确定跟进和突破策略，按照主动跟进、精心选择、有所为有所不为的方针，明确我国科技创新主攻方向和突破口。对看准的方向，要超前规划布局，加大投入力度，着力攻克一批关键核心技术，加速赶超甚至引领步伐。同时，要研究后发国家赶超发达国家的经验教训，保持战略清醒，避免盲目性，不能人云亦云，也不能亦步亦趋。我们在科技方面应该有非对称性"杀手锏"，不能完全是发达国家搞什么我们就搞什么。

❯ 相关知识　　非对称战略思维

非对称战略思维，是一方处于弱势时或在弱势领域另辟蹊径，力争取得特定相对优势的战略思维方式。它采取的是差异化策略，强调发挥比较优势制胜，其本质是一种创新思维。非对称战略常常能够起到以小博大、以弱胜强的效果。毛泽东在领导中国人民进行波澜壮阔的革命战争中，形成了完整系统的人民战争战略体系，其最高境界就是"你打你的，我打我的"，这是非对称战略思维的典型体现。

篇二

维护科技自身安全

19 破解"卡脖子"难题的根子在哪里?

　　基础研究是科技创新的源头，是所有技术问题的总机关，强大的基础科学研究是建设世界科技强国的基石。只有重视基础研究，才能永远保持自主创新能力。当前，基础研究和应用开发关联度日益增强，基础研究显得更为重要。我国面临的很多"卡脖子"技术问题，根子是基础理论研究跟不上，源头和底层的东西没有搞清楚。基础研究搞不好，应用技术就会成为无源之水、无本之木。

> **重要论述** 把原始创新能力提升摆在更加突出的位置

　　我国经济社会发展和民生改善比过去任何时候都更加需要科学技术解决方案，都更加需要增强创新这个第一动力。同时，在激烈的国际竞争面前，在单边主义、保护主义上升的大背景下，我们必须走出适合国情的创新路子，特别是要把原始创新能力提升摆在更加突出的位置，努力实现更多"从0到1"的突破。

——习近平2020年9月11日在科学家座谈会上的讲话

> **相关知识** **基础研究**

基础研究是一种不预设任何特定应用或使用目的的实验性或理论性工作，主要目的是为获得（已

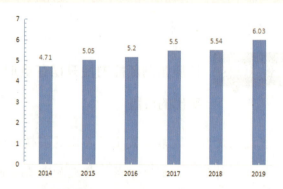

2014—2019年我国基础研究经费投入占R&D经费投入比重（%）
（注：根据《中华人民共和国国民经济和社会发展第十四个五年规划和2035年远景目标纲要》，到2025年，基础研究经费投入占R&D经费投入比重提高到8%以上。）

发生）现象和可观察事实的基本原理、规律和新知识。基础研究的成果通常表现为提出一般原理、理论或规律，并以论文、著作、研究报告等形式为主。

如何加强基础和前沿领域前瞻布局维护国家安全？

我国已进入跻身创新型国家前列、建设世界科技强国的新阶段。站在新的历史方位上，要以更高的目标、更长远的眼光，对科技创新特别是基础和前沿领域进行前瞻谋划和系统部署，为国家持久安全和发展提供不竭动力。要加强学科布局和体系建设，全面夯实基础学科，补足冷门、薄弱学科短板，推动学科交叉融合。加强"从 0 到 1"的基础研究，加大基础研究稳定支持力度，推动自由探索的基础研究和目标导向的基础研究有机衔接。加强人工智能、脑科学、量子通信等面向长远发展的科技创新重大项目的部署和

实施，推动颠覆性技术创新，形成引领经济社会发展
和保障国家安全的动力源泉。

 如何认识关键核心技术是要不来、买不来、讨不来的?

只有把关键核心技术掌握在自己手中，才能从根
本上保障国家经济安全、国防安全和其他安全。要增
强"四个自信"，以关键共性技术、前沿引领技术、
现代工程技术、颠覆性技术创新为突破口，敢于走前
人没走过的路，努力实现关键核心技术自主可控，把
创新主动权、发展主动权牢牢掌握在自己手中。

> **重要论述** 从3个方面把握核心技术
>
> 什么是核心技术？我看，可以从3个方面把握。
> 一是基础技术、通用技术。二是非对称技术、"杀手锏"
> 技术。三是前沿技术、颠覆性技术。在这些领域，我们
> 同国外处在同一条起跑线上，如果能够超前部署、集

中攻关，很有可能实现从跟跑并跑到并跑领跑的转变。

——习近平 2016 年 4 月 19 日在网络安全和信息化工作座谈会上的讲话

 相关知识　科技项目的"揭榜挂帅"制

科技计划项目管理实行"揭榜挂帅"的方式，就是"把需要的关键核心技术项目张出榜来，英雄不论出处，谁有本事谁就揭榜"，具有不论资质、不设门槛、选贤举能、唯求实效的特征。"揭榜挂帅"依托于社会主义市场经济条件下的新型举国体制，有利于充分激发创新主体的积极性，实现关键核心技术的突破创新，提高创新链整体效能。

22　怎样打好关键核心技术攻坚战？

打好关键核心技术攻坚战，要强化国家战略科技力量，构建社会主义市场经济条件下关键核心技术攻关新型举国体制。要准确把握重点领域科技发展的战略机遇，选准关系全局和长远发展的战略必争领域和优先方向，通过高效合理配置，深入推进协同创新和开放创新，构建高效强大的共性关键技术供给体系，努力实现关键技术重大突破，把关键技术掌握在自己手里。

> **相关知识 新型举国体制**
>
> 同计划经济体制下的举国体制相比，新型举国体制是面向国家重大需求，通过政府力量和市场力量协同发力，凝聚和集成国家战略科技力量、社会资源共同攻克重大科技难题的组织模式和运行机制，其特征是充分发挥我国制度优势，并综合运用行政和市场的诸种手段，尊重科学规律、经济规律和市场规律。

23 为何说高端科技对于维护国家利益和安全非常重要？

　　高端科技是现代国之利器。西方国家近现代之所以能称雄世界，一个重要原因就是掌握高端科技。"国之利器，不可以示人。"只有拥有强大科技创新能力，才能打造出自己国家的坚不可摧的"利器"来，才能提高我国国际竞争力。

习近平会见探月工程"嫦娥五号"任务参研参试人员代表，并参观月球样品和探月工程成果展览

24 实施一批关系国家全局和长远的重大科技项目缘何重要？

　　落实创新驱动发展战略，必须把重要领域的科技创新摆在更加突出的地位，实施一批关系国家全局和长远的重大科技项目。这既有利于我国在战略必争领域打破重大关键核心技术受制于人的局面，更有利于开辟新的产业发展方向和重点领域、培育新的经济增长点。

25 如何看待科技的"双刃剑"效应？

古往今来，很多技术都是"双刃剑"，一方面可以造福社会、造福人民，另一方面也可以被一些人用来损害社会公共利益和民众利益。比如说，互联网是一把"双刃剑"，用得好，它是阿里巴巴的宝库，里面有取之不尽的宝物；用不好，它是潘多拉的魔盒，给人类自己带来无尽的伤害。

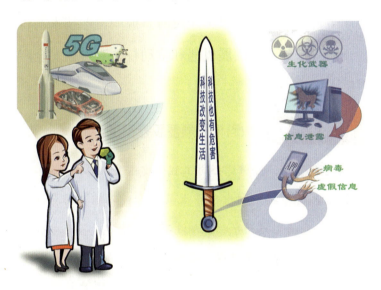

颠覆性技术对科技安全有什么影响？

颠覆性技术是相对于渐进性技术而言的。渐进性技术指的是立足于现有技术路径上的技术改进，而颠覆性技术是技术路径的改变，是一种另辟蹊径、对已有传统或主流技术途径产生整体或根本性替代效果的技术。颠覆性技术往往会在政治、经济、科技、军事、文化等方面产生诸多影响，可以推动国际战略格局产生重大改变。如果不能及时掌握颠覆性技术，将会丧失未来的科技发展机遇和主动权，对科技安全产生巨大影响。

> **◇ 典型案例** **数码相机颠覆胶卷相机**

　　1975年，当柯达公司工程师史蒂文·赛尚（Steven Sasson）把研制出世界上第一台数码相机的喜讯汇报给直属部门领导时，却没有得到嘉奖，甚至被告知要严格保守商业机密，以免影响胶卷的销量。5年后，立足低端市场的日本富士公司开启胶片转型数码时代。柯达率先发明数码相机，但是由于固守曾经的优势业务，结果被数码相机以及手机照相所替代。2012年1月19日，拥有131年历史、曾经的王牌摄影器材企业——柯达，正式向法院递交破产保护申请。

如何看待我国"工业四基"的薄弱问题？

　　我国"工业四基"薄弱问题十分突出。核心基础零部件（元器件）、关键基础材料、先进基础工艺、产业技术基础自主化程度低，关键共性技术缺失，产品质量和可靠性难以满足需要，试验验证、计量、标准、检验检测、认证等基础服务体系不完善，信息社会背景下的基础软件、操作系统、计算机算法等现代产业的核心基础更是大量依赖国外。复杂严峻的国际

形势使我国基础薄弱的问题进一步凸显，必须加快科技创新步伐，夯实产业技术基础，提升产业链现代化水平。

28　为何说芯片技术相当重要？

装备制造业的芯片，相当于人的心脏。心脏不强，体量再大也不算强。中兴被禁、华为告急，在中美贸易摩擦中，美国直刺的正是中国"缺芯"软肋。要加快在芯片技术上实现重大突破，勇攀世界半导体存储科技高峰。

29　如何理解国家创新体系对科技安全的保障作用？

国家创新体系是创新资源、创新活动、创新能力的基本载体，是支撑科技发展水平的重要基础，是夯实维护国家安全科技能力基础的重要保障。加强科技创新，保障科技安全，必须构建系统、完备、高效的国家创新体系，促进创新要素有序高效流动，发挥社会主义集中力量办大事的制度优势，以高效能的创新体系为科技安全提供坚实的能力基础。

❯ 重要论述　提升国家创新体系整体效能

我们坚持以深化改革激发创新活力，推出一系列科技体制改革重大举措，加强创新驱动系统能力整合，打通科技和经济社会发展通道，不断释放创新潜能，加速聚集创新要素，提升国家创新体系整体效能。

——习近平 2018 年 5 月 28 日在中国科学院第十九次院士大会、中国工程院第十四次院士大会上的讲话

❯ 相关知识　国家创新体系

1987 年，英国著名技术创新研究专家弗里曼（C.Freeman）在研究日本的产业政策以及通产省对

日本创新效率和经济发展的重要作用时发现，日本在技术落后的情况下，以技术创新为主导，辅以组织创新和制度创新，只用了几十年的时间，使国家的经济出现了强劲的发展势头，成为工业化大国。据此，弗里曼提出了"国家创新体系"概念。

2006 年我国颁布的《国家中长期科学和技术发展规划纲要（2006—2020 年）》提出，国家创新体系是以政府为主导、充分发挥市场配置资源的基础性作用、各类科技创新主体紧密联系和有效互动的社会系统。

如何认识和保障科技研发链条的安全？

实现科技创新目标，离不开完整联动的研发链条，需要有效集成各类科技创新要素。我国的科技研发链条还存在要素不健全、衔接不紧密、水平不够高的问题。需要加强科技研发任务的部署、整合，在重点领域实行项目、基地、人才、资金一体化配置，强化各类要素的融合、衔接，保障科技研发链条的安全。

为什么要加强和规范科学数据管理？

科学数据是国家科技创新发展和经济社会发展的重要基础性战略资源。加强和规范科学数据管理，有利于保障科学数据安全，提高开放共享水平，更好支撑国家科技创新、经济社会发展和国家安全。

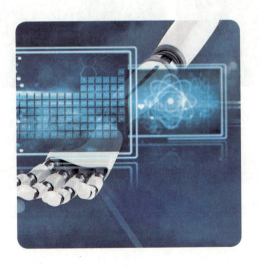

32 重大科技基础设施对保障科技安全缘何重要?

重大科技基础设施是为探索未知世界、发现自然

我国重大科技基础设施

规律、实现技术变革提供极限研究手段的大型复杂科学研究系统，是突破科学前沿、解决经济社会发展和国家安全重大科技问题的物质技术基础。前瞻谋划和系统部署重大科技基础设施建设，对于增强我国原始创新能力、实现重点领域跨越、保障科技长远发展、实现从科技大国迈向科技强国的目标具有重要意义。

> **❯ 典型案例**　"中国天眼"FAST

　　"中国天眼"是指500米口径球面射电望远镜（简称FAST），位于贵州省黔南布依族苗族自治州平塘县克度镇大窝凼的喀斯特洼坑中，是国家重大科技

"中国天眼"

基础设施。FAST 由我国著名天文学家南仁东先生于 1994 年提出构想，历时 22 年建成，于 2016 年 9 月 25 日落成启用。它是具有我国自主知识产权，世界最大单口径、最灵敏的射电望远镜。

33 如何理解打造国家战略科技力量对保障国家安全的重要意义？

国家战略科技力量是在重大创新领域由国家布局支持，具有基础性战略性使命的科技创新"国家队"，其影响力和支撑力直接关系到我国综合国力和国际竞争力的提升，是促进经济社会发展、保障国家安全的"压舱石"。要加强国家战略科技力量的系统谋划和顶层设计，加快建设国家实验室，重组国家重点实验室体系，发挥好高校和科研院所国家队作用，培育更多创新型领军企业，打造一批具有国际竞争力的区域创新高地。

❯ 延伸阅读　**国家实验室和国家重点实验室**

国家实验室是体现国家意志、实现国家使命、代表国家水平的战略科技力量，是面向国际科技竞争的创新基础平台。建设国家实验室有助于提升我国战略性和前瞻性科技能力，强化科技竞争力和话语权，是我国实现科技强国梦的必然选择。

国家重点实验室是国家组织开展基础研究和应用基础研究、聚焦和培养优秀科技人才、开展高水平学术交流、具备先进科研装备的重要科技创新基地，是国家创新体系的重要组成部分，包括学科国家重点实验室、企业国家重点实验室、省部共建国家重点实验室、港澳国家重点实验室、国家研究中心。

习近平在全国科技创新大会、两院院士大会、中国科协第九次全国代表大会上发表重要讲话

34 为何要加快构建关键信息基础设施安全保障体系？

金融、能源、电力、通信、交通等领域的关键信息基础设施是经济社会运行的神经中枢，是网络安全的重中之重，也是可能遭到重点攻击的目标。"物理隔离"防线可被跨网入侵，电力调配指令可被恶意篡改，金融交易信息可被窃取，这些都是重大风险隐患。不出问题则已，一出就可能导致交通中断、金融紊乱、电力瘫痪等问题，具有很大的破坏性和杀伤力。我们必须深入研究，采取有效措施，切实做好国

"天河一号"超级计算机

家关键信息基础设施安全防护。

35 什么是 ITER 计划（国际热核聚变实验堆计划）？

ITER 计划（国际热核聚变实验堆计划）是当今世界最大的大科学工程国际科技合作计划之一，也是迄今我国以平等身份参加的规模最大的国际科技合作计划。ITER 装置是一个能产生大规模可控核聚变反应的超导托卡马克，俗称"人造太阳"。

❯ 相关知识　核裂变和核聚变

迄今为止，人类对核能的利用主要有核裂变和核聚变两种技术路线。核裂变是指由重的原子核（主要是指铀核或钚核）分裂成两个或多个质量较小的原子的一种核反应形式。核聚变是指由质量小的原子（如氘和氚）在一定条件下（如超高温和高压），发生原子核互相聚合作用，生成新的质量更重的原子核，并伴随着巨大的能量释放的一种核反应形式。可控核聚变的目标是让核聚变反应持续稳定输出能量，它具有"零污染""用不完""固有安全性"等特征。

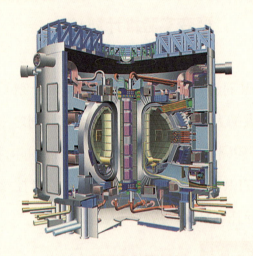

ITER 计划托卡马克装置

36 生物安全实验室的等级是如何划分的？

生物安全实验室是进行生物类科研工作的科技基础设施。国际上通常依据危险度等级，将生物实验室按照生物安全水平分为 P1、P2、P3 和 P4 四个等级。P4 实验室是人类迄今为止能建造的生物安全防护等级最高的实验室，适用于对人体、动植物或环境具有高度危害性，通过气溶胶途径传播或传播途径不明或未知的、高度危险、无预防和治疗措施的致病因子，如炭疽杆菌、霍乱弧菌、埃博拉病毒、天花病毒等。目前，我国拥有 3 家 P4 实验室，是国家投资建设的大科学工程装置之一，是国家高等级生物安全实验室体系的重要组成部分，也将成为我国公共卫生防御体系的重要组成部分和国内外传染病防控研究的技术平台。

37　为何说综合国力竞争归根到底是人才竞争？

当前，人才资源作为经济社会发展第一资源的特征和作用更加明显，人才竞争已经成为综合国力竞争的核心。哪个国家拥有人才上的优势，哪个国家最后

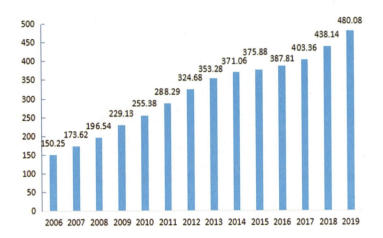

2006—2019 年我国研究与试验发展（R&D）人员（单位：万人年）

就会拥有实力上的优势。谁能培养和吸引更多优秀人才，谁就能在竞争中占据优势。综合国力竞争归根到底是人才竞争。

> **⊙ 延伸阅读　我国高端人才稀缺**
>
> 　　我国从业人员中高素质人才比例较低，每万名就业人员中研发人员数量仅为发达国家的 1/5 到 1/4，特别是高层次领军人才、高技能人才十分缺乏。

> **典型案例** 伊朗高级核物理学家遇袭身亡

2020年11月27日，伊朗高级核物理学家法克里扎德在首都德黑兰附近遇袭身亡。法克里扎德是伊朗国防部核计划负责人，是伊朗科研和国防创新领域的带头人。该事件对伊朗核技术发展将造成重大影响。

38 科技人才流失对科技安全有何影响？

我国是科技人才资源最多的国家之一，但也是人才流失比较严重的国家，其中不乏顶尖人才。近年来尽管我国科技人才已经出现"回流"趋势，留学归国人员数量持续增长，但总体上流出依然明显大于流入。人才流失会阻碍国内自主创新能力的提升，甚至出现人才断层现象，成为某些领域创新的短板。

2010—2019 年我国学成回国人员数量及比重（单位：万人、%）

39 新技术应用会带来哪些风险？

　　人工智能、生命科学等新技术的快速发展和广泛应用，加剧了隐私保护、数据安全、伦理道德等安全和道德风险，如果不加以合理规范，可能会引发一系列政治、经济和社会问题。例如，一些网上商家滥用个人信息数据，进行差异定价的"大数据杀熟"，使市场伦理、商业伦理受到冲击；基于人工智能的"AI换脸""深度伪造"等技术应用，可能威胁公民人身和财产安全；无人驾驶汽车的车载操作系统、云平台容易受到网络攻击，存在安全风险；等等。

 相关知识　深度伪造

深度伪造（有时也称为深度"换脸"）是一个基于人工智能的技术，用于制作或修改视频内容以呈现高度逼真但与实际不符的事物。具备极高欺骗性的深度伪造技术引发了诸多争议，给个人和社会带来了相应的风险和挑战。

40 如何认识和防范技术谬用和滥用？

技术谬用和滥用，会对社会公共利益和国家安全构成潜在威胁。比如苏丹红、增色剂等被滥用于食品加工，生物技术、智能技术可能被用于现代战争。加强科技安全，必须未雨绸缪，织密防范和管控风险的网络。

> **延伸阅读** 高科技网络金融犯罪危害金融安全

　　随着网络支付的不断发展，人们付款方式大大便捷，但另一方面也滋生了一些网络金融方面的犯罪。例如：一些犯罪分子利用黑客软件、病毒、木马程序等技术手段，攻击网上银行、证券系统和个人主机，盗取银行资金；利用"网络钓鱼"的方式，建立假冒的银行、证券网站，骗取用户账号、密码实施盗窃；利用网络电子商务平台，从事洗钱违法犯罪活动。

如何防范人工智能等技术带来的伦理风险和隐患？

　　科技的快速发展深刻影响着人类的生活，也带来一些挑战，其中就包括科技伦理方面的挑战。要加强人工智能等发展的潜在风险研判和防范，维护人民利益和国家安全，确保人工智能等技术安全、可靠、可控。要整合多学科力量，加强相关法律、伦理、社会问题研究，建立健全保障人工智能等健康发展的法律法规、制度体系、伦理道德。

> **❯ 相关知识　科技伦理**
>
> 　　科技伦理是科技活动必须遵守的价值准则，规定了科技人员及其共同体应恪守的价值观念、社会责任和行为规范。

> **延伸阅读** 欧盟通过关于人工智能道德原则的立法倡议

2020 年 10 月 20 日，欧洲议会以 559 票赞成、44 票反对、88 票弃权通过一项立法倡议，提出一个新的 AI 道德法律框架，是在欧盟开发、部署和使用人工智能、机器人和相关技术（包括软件、算法和数据）时应遵循的道德原则和法律义务。

 科研诚信缺失对科技安全有何影响？

科研诚信是科技创新的基石，是实施创新驱动发展战略、实现世界科技强国目标的重要保障。科研诚信缺失，会破坏科技创新的生态环境，对科技长远发展造成负面影响，危及科技安全。没有好的土壤，就不会长出好的庄稼。我国的科研水平怎么样，很大程度上取决于我们的科研环境。必须营造良好学术环境，弘扬学术道德和科研伦理。

43 如何理解知识产权保护对保障国家安全的重要意义？

习近平总书记强调，知识产权保护工作关系国家治理体系和治理能力现代化，关系高质量发展，关系人民生活幸福，关系国家对外开放大局，关系国家安全。

44 如何加强事关国家安全的知识产权保护？

　　加强事关国家安全的关键核心技术的自主研发和保护，依法管理涉及国家安全的知识产权对外转让行为。完善知识产权反垄断、公平竞争相关法律法规和政策措施，形成正当有力的制约手段。推进我国知识产权有关法律规定域外适用，完善跨境司法协作安排。形成高效的国际知识产权风险预警和应急机制，建设知识产权涉外风险防控体系。

45 如何构建知识产权大保护工作格局？

习近平总书记强调，要综合运用法律、行政、经济、技术、社会治理等多种手段，从审查授权、行政执法、司法保护、仲裁调解、行业自律、公民诚信等环节完善保护体系，加强协同配合，构建大保护工作格局。

46 如何在国际科技合作中加强知识产权的保护？

在国际科技合作与交流中要坚持按照平等互利的原则，对科技成果的权属与分享及保护等作出合理安排，既要保证我国创新主体在各类国际科技合作交流活动中的合法权益，也要对外国投资者、合作者的知识产权提供有效保护。

如何认识越是面临封锁打压越是要开放合作？

开放带来进步，封闭导致落后。在经济全球化深入发展的大背景下，创新资源在世界范围内加快流动，各国经济科技联系更加紧密，任何一个国家都不可能孤立依靠自己的力量解决所有创新难题。自主创新绝不是要关起门来搞创新。越是面临封锁打压，越不能搞自我封闭、自我隔绝，而是要实施更加开放包容、互惠互利的国际科技合作战略。要更加主动地融入全球创新网络，要深化国际交流合作，充分利用全球创新资源，在更高起点上推进自主创新，在开放合作中提升自身科技创新能力。

习近平2016年在二十国集团工商峰会开幕式上发表主旨演讲

为什么要实行技术进出口管制？

　　技术进出口对优化贸易结构、推动产业升级、维护国家安全和利益具有重要意义。对涉及国家安全和利益的技术进出口实施管制，是国际通行做法。我国2011年、2019年、2020年三次修订《中华人民共和国技术进出口管理条例》，2020年出台实施《中华人民共和国出口管制法》，并在外商投资法、行政许可法等法律法规中加强对技术进出口的规范。

> **❯ 延伸阅读**　**《瓦森纳协定》**
>
> 　　《瓦森纳协定》，又称瓦森纳安排机制，全称为《关于常规武器和两用物品及技术出口控制的瓦森纳安排》，是巴黎统筹委员会解散后于1996年成立的，旨在控制常规武器和高新技术贸易的国际性组织。《瓦森纳协定》目前共有包括美国、日本、英国、俄罗斯等42个成员国。中国、伊朗、朝鲜等均在出口

受限国家名单之中。

 我国最新禁止出口限制出口技术目录是何时颁布的？

我国对技术出口实施清单管理。2020 年 8 月 28 日，商务部、科学技术部调整发布《中国禁止出口限制出口技术目录》，涉及 53 项技术条目。

 我国技术进出口的许可与管理制度是什么？

凡是涉及向境外转移技术，无论是采用贸易还是投资或是其他方式，均要严格遵守《中华人民共和国技术进出口管理条例》的规定，其中限制类技术出口必须到省级商务主管部门申请技术出口许可，获得批准后方可对外进行实质性谈判，签订技术出口合同。进口或者出口属于禁止进出口的技术的，或者未经许可擅自进口或者出口属于限制进出口的技术的，依照刑法关于走私罪、非法经营罪、泄露国家秘密罪或者其他罪的规定，依法追究刑事责任；尚不够刑事处罚的，区别不同情况进行相应处理。

51 什么是国家科学技术秘密?

国家科学技术秘密，是指科学技术规划、计划、项目及成果中，关系国家安全和利益，依照法定程序确定，在一定时间内只限一定范围的人员知悉的事项。

哪些科学技术事项应当确定为国家科学技术秘密？

关系国家安全和利益，泄露后可能造成下列后果之一的科学技术事项，应当确定为国家科学技术秘密：削弱国家防御和治安能力；降低国家科学技术国际竞争力；制约国民经济和社会长远发展；损害国家声誉、权益和对外关系。

> **典型案例 技术泄密**
>
> 2010年12月，有关部门接到群众举报，反映××出版社出版的"科技数据检索光盘"收录了某项国家科学技术秘密，涉嫌泄密。经查，该事项为知悉该国家科学技术秘密的某科研中心委托××出版社公开出版了包含该秘密的"科技数据检索光盘"，造成国家秘密泄露。最终，涉事单位和有关责任人受到相应处理。

53　哪些科学技术事项不得确定为国家科学技术秘密?

　　有下列情形之一的科学技术事项，不得确定为国家科学技术秘密：国内外已经公开；难以采取有效措施控制知悉范围；无国际竞争力且不涉及国家防御和治安能力；已经流传或者受自然条件制约的传统工艺。

54　国家科学技术秘密保密要点是什么?

　　国家科学技术秘密保密要点是指必须确保安全的核心事项或者信息，主要涉及以下内容：不宜公开的国家科学技术发展战略、方针、政策、专项计划；涉密项目研制目标、路线和过程；敏感领域资源、物种、物品、数据和信息；关键技术诀窍、参数和工艺；科学技术成果涉密应用方向；其他泄密后会损害国家安全和利益的核心信息。

> **典型案例**　**张某泄密事件**

　　某军工研究所工作人员张某，在赴国外访学的过程中遭到间谍策反。该间谍多次为其解决生活问题，不仅用豪华轿车带他外出旅游，去高档餐厅用餐，为他提供高薪兼职工作，还允诺要为其女儿赴国外留学和取得居住权提供帮助。得知对方间谍身份后，张某在巨大的利益面前仍然选择卖密，在回国后立即开始搜集军工情报，导致我国多种还没有投入现役、没有列装的武器装备就被泄露出去。最终，张某因犯间谍罪被法院判处有期徒刑 15 年。

篇三

科技支撑国家安全

55 国家安全法对安全领域的科技创新有何规定?

国家安全法第七十三条规定,鼓励国家安全领域科技创新,发挥科技在维护国家安全中的作用。

56 如何发展保障国家战略空间安全的技术体系?

围绕国家和人类长远发展需求,加强海洋、空天以及深地极地空间拓展的关键技术突破,提升战略空间探测、开发和利用能力,为促进人类共同资源有效利用和保障国家安全提供技术支撑。

57 如何认识互联网技术对维护政治安全的作用?

政治安全是党和国家安全的生命线,是不可动摇的底线。互联网技术快速发展,对国家主权、安全提出了新的挑战。有些外部势力通过互联网进行意识形态渗透,宣扬所推崇的价值理念,攻击我国的政治制度和发展模式。互联网已经成为舆论斗争的主战场,是当前意识形态斗争的最前沿。掌握网络意识形态主导权,就是守护国家的主权和政权。

 典型案例 剑桥分析事件

2018年3月17日,英国《观察家报》曝光剑桥分析公司未经授权访问5000万份脸书(Facebook)个人资料,通过数据分析有针对性地影响选民。美国联邦贸易委员会认为,脸书没能保障用户数据的安全,违反了平台此前承诺保护用户隐私的协议。最终,脸书与美国联邦贸易委员会达成50亿美元的和解协议。

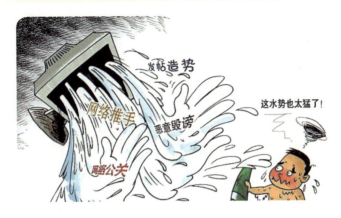

网络"洪水"淹没网民

58 如何认识利用新技术占领信息传播制高点？

宣传思想工作是做人的工作，人在哪儿重点就应该放在哪儿。习近平总书记强调，要适应社会信息化持续推进的新情况，加快传统媒体和新兴媒体融合发展，充分运用新技术新应用创新媒体传播方式，占领信息传播制高点。

❯ 典型案例 "庆祝中华人民共和国成立 70 周年大型成就展"数字化网上展馆

为持续扩大展览覆盖面、传播力和影响力，中央广播电视总台央视网推出了"庆祝中华人民共和国成立 70 周年大型成就展"数字化网上展馆，通过网络手段，全要素呈现展览内容，全景式还原现场体验，打造足不出户、永不落幕的主题展览。网上展馆以新媒体平台为依托，运用全景观展技术，采取多媒体互动叠加图文、音视频等形式，360 度全景展示展览现场，生动再现展览全貌。观众可以通过电脑或手机访问网上展馆，详细了解展览内容，获得沉浸式、漫游式的观展体验，身临其境感受新中国成立 70 年来的伟大历程和辉煌成就。

伟大历程　辉煌成就——庆祝中华人民共和国成立70周年大型成就展

科技创新如何助力军队战斗力 提升？

创新能力是一支军队的核心竞争力，也是生成和提高战斗力的加速器。要坚持自主创新战略基点，加强基础研究和原始创新，加快突破关键核心技术，加快发展战略性、前沿性、颠覆性技术，加快实施国防科技和武器装备重大战略工程，不断提高军队建设科技含量。

> ▶ **延伸阅读**　**现代战争空中杀手——无人机**
>
> 2020 年，亚美尼亚和阿塞拜疆围绕纳卡地区发生冲突，无人机的使用让人们对现代战争有了全新认识。美国《华盛顿邮报》评论："纳卡冲突或许成为了一个最有力的例子，证明小型、相对廉价的无人攻击机，可以改变曾经由地面战和传统空中力量主导的冲突的规模。"

科技对传承和发展中华优秀传统文化有什么作用？

随着科技不断进步，视频、动漫、大数据、云计算等新技术手段层出不穷，中华优秀传统文化的传承与创新发展，离不开新技术手段的支撑和助力。文化和科技融合，既催生了新的文化业态、延伸了文化产业链，又集聚了大量创新人才。

科技如何赋能文物保护？

保护文物就是保护中华民族的历史文化，增强民族自尊和自信。作为不可再生的历史文化资源，文物保护除了依靠传统的保护性措施外，要加强先进技术的开发与利用，为文物保护提供有效手段。例如，清洗、加固、防护等环节离不开新材料技术的运用；依托大型计算系统的信息采集技术的应用为文物保护带来革命性的改变，为文物鉴别、材质研究、保护手段等提供了重要支撑。

> **▶ 延伸阅读**　**数字展示技术助力：敦煌艺术走出莫高窟**
>
> 　　敦煌莫高窟已经走过了 1000 多年的岁月，受到自然和人为因素的双重影响，对其珍贵的彩塑和壁画的保护和合理利用迫在眉睫。随着游客的日益增多，如何破解游客参观洞窟与文物保护二者之间的矛盾，成为人们关注的焦点。
>
> 　　"数字敦煌"概念由敦煌研究院院长樊锦诗在上世纪 80 年代末提出，就是将数字技术引入敦煌石窟保护，将洞窟、壁画、彩塑及与敦煌相关的文物加工成高智能数字图像，汇集成电子档案，以利永久保存、永续利用。

62 国家粮食安全战略赋予科技的使命是什么？

国家粮食安全战略强调要综合考虑国内资源环境、粮食供求格局、国际市场贸易条件，必须实施以我为主、立足国内、确保产能、适度进口、科技支撑的国家粮食安全战略。

> **重要论述** 保障国家粮食安全是实现经济发展、社会稳定、国家安全的重要基础

看看世界上真正强大的国家、没有软肋的国家，都有能力解决自己的吃饭问题。美国是世界第一粮食出口国、农业最强国，俄罗斯、加拿大和欧盟的大国也是粮食强国。这些国家之所以强，是同粮食生产能力强联系在一起的。所以，粮食问题不能只从经济上看，必须从政治上看，保障国家粮食安全是实现经济发展、社会稳定、国家安全的重要基础。

——习近平 2013 年 12 月 23 日在中央农村工作会议上的讲话

63 为什么要实施"藏粮于技"战略？

　　耕地有限，技术无限。我们不但要向土地要粮，还要向科技要粮。科技是农业现代化的重要支撑，保障粮食的安全出路在于藏粮于技。

"藏粮于地 藏粮于技" 保障粮食安全

延伸阅读 我国在科技支撑粮食生产上取得举世瞩目的成绩

　　深入推进玉米、大豆、水稻、小麦国家良种重大科研联合攻关，大力培育推广优良品种。超级稻、矮败小麦、杂交玉米等高效育种技术体系基本建立，成功培育出数万个高产优质作物新品种新组合，实现了5—6次大规模更新换代，优良品种大面积推广应用，基本实现主要粮食作物良种全覆盖。科学家袁隆平培育的超级杂交稻单产达到每公顷近18.1吨，刷新了世界纪录。加快优质专用稻米和强筋弱筋小麦以及高淀粉、高蛋白、高油玉米等绿色优质品种选育，推动粮食生产从高产向优质高产并重转变。

64 如何通过科技保障种子安全？

加强种质资源保护和利用，加强种子库建设。尊重科学、严格监管，有序推进生物育种产业化应用。开展种源"卡脖子"技术攻关，立志打一场种业翻身仗。组织实施优异种质资源创制与应用行动，完善创新技术体系，规模化创制突破性新种质，推进良种重大科研联合攻关。

〉延伸阅读　我国种业受制于人

　　当前，我国种业存在"卡脖子"风险，必须未雨绸缪加强防范。一是种质资源引发的国家种业源头安全风险。我国种质资源利用和保护不充分，存在被别国窃取据为己有的风险和逐渐消失的风险。二是民族品种消失引发的传统物种多样性风险。我国主要粮食作物 1956 年有 11590 个地方品种，而 2014 年只剩下了 3271 个。三是外来物种入侵引发的种业国门安全风险。2020 年 6 月 2 日，生态环境部

自主创新要活起来。 要加强种业核心关键技术攻关，深入实施农作物和畜禽育种联合攻关，有序推进生物育种产业化应用，同时要加强基础性前沿性研究。

发布生态环境状况公报显示我国已发现660多种外来入侵物种。四是前沿育种技术与安全防御技术落后引发的安全风险。当前将近90%的分子育种技术和专利掌握在少数发达国家手中。五是国际生物育种技术垄断引发的种业和农产品贸易战风险。

65 怎样加强区块链安全工作？

习近平总书记指出，要强化基础研究，提升原始创新能力，努力让我国在区块链这个新兴领域走在理论最前沿、占据创新制高点、取得产业新优势。要推动协同攻关，加快推进核心技术突破，为区块链应用发展提供安全可控的技术支撑。要加强区块链标准化研究，提升国际话语权和规则制定权。要加快产业发展，发挥好市场优势，进一步打通创新链、应用链、价值链。要构建区块链产业生态，加快区块链和人工智能、大数据、物联网等前沿信息技术的深度融合，推动集成创新和融合应用。要加强人才队伍建设，建立完善人才培养体系，打造多种形式的高层次人才培养平台，培育一批领军人物和高水平创新团队。

❯ 相关知识　**区块链金融**

区块链金融是区块链技术在金融领域的应用。区块链通过在分布式节点共享来集体维护可持续生长的数据库，实现信息的安全性和准确性，本质是一个去中介化的信任机制。应用此技术可以解决交易中的信任和安全问题，通过区块链，交易双方可在无需借助第三方信用中介的条件下开展经济活动，从而降低资产在全球范围内转移的成本。

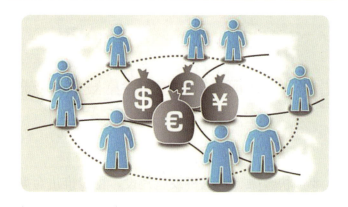

66 如何推动区块链安全有序发展？

要加强对区块链技术的引导和规范，加强对区块链安全风险的研究和分析，密切跟踪发展动态，积极探索发展规律。要探索建立适应区块链技术机制的安全保障体系，引导和推动区块链开发者、平台运营者加强行业自律、落实安全责任。要把依法治网落实到区块链管理中。

习近平：把区块链作为核心技术自主创新重要突破口，加快推动区块链技术和产业创新发展

67 如何发挥科技对金融安全的支撑作用？

要加快金融市场基础设施建设，稳步推进金融业

关键信息基础设施国产化。要做好金融综合统计，健全及时反映风险波动的信息系统，完善信息发布管理规则，健全信用惩戒机制。要做好"管住人、看住钱、扎牢制度防火墙"。要运用现代科技手段和支付结算机制，适时动态监管线上线下、国际国内的资金流向流量，使所有资金流动都置于金融监管机构的监督视野之内。

> **❯ 重要论述　完善依法监管措施　化解网络风险**
>
> 　　要加快网络立法进程，完善依法监管措施，化解网络风险。前段时间发生的 e 租宝、中晋系案件，打着"网络金融"旗号非法集资，给有关群众带来严重财产损失，社会影响十分恶劣。现在，网络诈骗案件越来越多，作案手段花样翻新，技术含量越来越高。这也提醒我们，在发展新技术新业务时，必须警惕风险蔓延。
>
> 　　——习近平 2016 年 4 月 19 日在网络安全和信息化工作座谈会上的讲话

如何发挥科技创新支撑平安中国建设的作用？

　　科技进步是社会发展的引擎，也是提高社会治理效能的推动力。推动平安中国建设，要充分发挥科技创新支撑引领作用，注重高起点规划、高水平建设、高智能应用、高共享发展，集聚各类创新资源，加强基础研究、关键技术研究、专用装备和应用示范研究，深化智能化建设，增强社会治理能力。

> **》延伸阅读** **"十四五"规划建议对平安中国建设提出新要求**
>
> 　　正确处理新形势下人民内部矛盾，坚持和发展新时代"枫桥经验"，畅通和规范群众诉求表达、利益协调、权益保障通道，完善信访制度，完善各类调解联动工作体系，构建源头防控、排查梳理、纠纷化解、应急处置的社会矛盾综合治理机制。健全社会心理服务体系和危机干预机制。坚持专群结合、

群防群治，加强社会治安防控体系建设，坚决防范和打击暴力恐怖、黑恶势力、新型网络犯罪和跨国犯罪，保持社会和谐稳定。加强公共安全风险防控与应急技术装备研发和应用，提升人民群众的安全感。

发挥科技创新支撑引领作用，推动平安中国建设

如何打造智能化平安建设新模式?

推动现代科技与平安建设深度融合，不断提升平安中国建设科学化、精细化、智能化水平。要提升智慧决策水平，搭建大整合、高共享、深应用的智能化平台，提升预测社会需求、预判社会发展、预警社会风险的准确性、及时性，实现平安建设由"经验决策"

向"大数据决策"转变。要提升智慧管理水平,构建贯通"城市大脑"和"基层细胞"的智能化管理体系,推动管理手段、管理模式、管理理念创新。

 科技如何推动"智慧法院"建设?

推进现代科技与审判执行工作深度融合,推动5G、人工智能、大数据、云计算、区块链等现代科技在司法领域深度应用，完善"智慧法院"技术标准，提高司法大数据预警预测能力。

> **延伸阅读**　"智慧法院"建设

　　2016 年 7 月，中共中央办公厅、国务院办公厅印发《国家信息化发展战略纲要》，要求"建设'智慧法院'，提高案件受理、审判、执行、监督等各环节信息化水平，推动执法司法信息公开，促进司法公平正义"。2016 年 12 月，国务院印发《"十三五"国家信息化规划》，提出"支持'智慧法院'建设，推行电子诉讼，建设完善公正司法信息化工程"，并

将其作为重点任务予以列出。目前，以网络化、阳光化、智能化为特征的"智慧法院"初步形成，有力促进了审判体系和审判能力现代化。

如何建立公共安全技术体系？

聚焦地震灾害、地质灾害、气象灾害、水旱灾害、海洋灾害等重大自然灾害基础理论问题、重点灾种的关键技术环节和巨灾频发与高危险区域，开展重大自然灾害监测预警、风险防控与综合应对关键科学技术问题基础研究、技术研发和集成应用示范。运用现代科技改进社会治理方法和手段，开展社会治理公共服务平台多系统和多平台信息集成共享、政策仿真建模和分析技术研究，开展社会基础信息、信用信息等数据共享交换关键技术和综合应用技术研究。

> **重要论述**　**提高维护公共安全能力水平**

当前，公共安全事件易发多发，维护公共安全任务繁重。政法综治战线要主动适应新形势，增强风险意识，坚持多方参与、合作共享、风险共担，坚持科技引领、法治保障、文化支撑，创新理念思路、体制机制、方法手段，推进公共安全工作精细化、信息化、法治化，不断提高维护公共安全能力水平，有效防范、化解、管控各类风险，努力建设平安中国。

——习近平 2015 年 9 月就公共安全工作作出的指示

 如何强化应急管理装备技术支撑？

优化整合各类科技资源，推进应急管理科技自主创新，依靠科技提高应急管理的科学化、专业化、智能化、精细化水平。要加大先进适用装备的配备力度，加强关键技术研发，提高突发事件响应和处置能力。要适应科技信息化发展大势，以信息化推进应急管理现代化，提高监测预警能力、监管执法能力、辅助指挥决策能力、救援实战能力和社会动员能力。

如何构建安全可控的信息技术体系？

习近平总书记指出，要紧紧牵住核心技术自主创新这个"牛鼻子"，抓紧突破网络发展的前沿技术和

具有国际竞争力的关键核心技术，加快推进国产自主可控替代计划。

> **典型案例** **北斗卫星导航系统**

　　北斗卫星导航系统是我国着眼于国家安全和经济社会发展需要，自主建设、独立运行的全球卫星导航系统，是为全球用户提供全天候、全天时、高精度的定位、导航和授时服务的国家重要时空基础设施。2020年7月31日，习近平出席北斗三号全球卫星导航系统建成暨开通仪式并宣布正式开通。

74 如何保障国家数据安全？

　　数据是指任何以电子或者非电子形式对信息的记录。数据安全是指通过采取必要措施，保障数据得到有效保护和合法利用，并持续处于安全状态的能力。习近平总书记强调，要切实保障国家数据安全，加强关键信息基础设施安全保护，强化国家关键数据资源保护能力，增强数据安全预警和溯源能力。加大对技术专利、数字版权、数字内容产品及个人隐私等的保护力度，维护广大人民群众利益、社会稳定、国家安全。

> **相关知识** **数字经济**

数字经济是指直接或间接利用数据来引导资源发挥作用、推动生产力发展的经济形态。《中华人民共和国国民经济和社会发展第十四个五年规划和2035年远景目标纲要》提出，充分发挥海量数据和丰富应用场景优势，促进数字技术与实体经济深度融合，赋能传统产业转型升级，催生新产业新业态新模式，壮大经济发展新引擎。同时提出到2025年，数字经济核心产业增加值占GDP的比重要达到10%。

75 如何理解互联网核心技术是我们最大的"命门"？

互联网核心技术是我们最大的"命门"，核心技术受制于人是我们最大的隐患。一个互联网企业即便规模再大、市值再高，如果核心元器件严重依赖外国，供应链的"命门"掌握在别人手里，那就好比在别人的墙基上砌房子，再大再漂亮也可能经不起风雨，甚至会不堪一击。我们要掌握我国互联网发展主动权，保障互联网安全、国家安全，就必须突破核心技术这个难题，争取在某些领域、某些方面实现"弯道超车"。

> **❯ 重要论述**　**没有网络安全就没有国家安全**
>
> 没有网络安全就没有国家安全，就没有经济社会稳定运行，广大人民群众利益也难以得到保障。
> ————习近平 2018 年 4 月 20 日在全国网络安全和信息化工作会议上的讲话

76　为什么要加快发展网络信息技术？

网络信息技术是全球研发投入最集中、创新最活跃、应用最广泛、辐射带动作用最大的技术创新领域，是全球技术创新的竞争高地。我们要顺应这一趋势，大力发展网络信息技术，加强关键信息基础设施安全保障，完善网络治理体系。

网络信息技术多点贯通

77 低碳技术主要指的是什么？

低碳技术是指能有效降低人类活动碳排放的技术。包括减碳技术，如高能耗、高排放领域的节能减排技术，煤的清洁高效利用、油气资源和煤层气的勘探开发技术等；零碳技术，如核能、太阳能、风能、生物质能等可再生能源技术；负碳技术，典型的是二氧化碳捕集、利用与封存技术（CCUS）。

> **重要论述**　瞄准碳中和　推动碳达峰
>
> 　　2020 年 12 月，习近平总书记在中央经济工作会议上指出，要抓紧制定 2030 年前碳排放达峰行动方案，支持有条件的地方率先达峰。加快调整优化产业结构、能源结构，推动煤炭消费尽早达峰，大力发展新能源，加快建设全国用能权、碳排放权交易市场，完善能源消费双控制度。继续打好污染防治攻坚战，实现减污降碳协同效应。开展大规模国土绿化行动，提升生态系统碳汇能力。

> **相关知识**　《巴黎协定》
>
> 　　《巴黎协定》是 2015 年 12 月 12 日在巴黎气候变化大会上通过、2016 年 4 月 22 日在纽约签署的气候变化协定，该协定为 2020 年后全球应对气候变化

行动作出安排。《巴黎协定》长期目标是将全球平均气温较前工业化时期上升幅度控制在 2 摄氏度以内，并努力将温度上升幅度限制在 1.5 摄氏度以内。

2016 年 4 月 22 日，国务院副总理张高丽作为习近平主席特使在《巴黎协定》上签字。同年 9 月 3 日，全国人大常委会批准中国加入《巴黎协定》，成为完成了批准协定的缔约方之一。

构建市场导向的绿色技术创新体系的主要目标是什么？

企业绿色技术创新主体地位得到强化，出现一批龙头骨干企业，"产学研金介"深度融合、协同高效；绿色技术创新引导机制更加完善，绿色技术市场繁荣，人才、资金、知识等各类要素资源向绿色技术创新领域有效聚集、高效利用，要素价值得到充分体现；绿色技术创新综合示范区、绿色技术工程研究中心、创新中心等形成系统布局，高效运行，创新成果不断涌现并充分转化应用；绿色技术创新的法治、政策、融资环境充分优化，国际合作务实深入，创新基础能力显著增强。

> **相关知识** **绿色技术**
>
> 绿色技术是指降低消耗、减少污染、改善生态，促进生态文明建设、实现人与自然和谐共生的新兴技术，包括节能环保、清洁生产、清洁能源、生态保护与修复、城乡绿色基础设施、生态农业等领域，涵盖产品设计、生产、消费、回收利用等环节的技术。

79 科技如何支撑保障资源安全？

加大科技创新力度，推动资源行业由大变强，不断提高资源利用和深加工水平，解决高端产品和装备对外依赖问题，推进资源的全产业链安全。

> **重要论述** 通过技术创新提高稀土资源开发利用水平

　　2019 年 5 月，习近平总书记在江西考察时指出，稀土是重要的战略资源，也是不可再生资源。要加大科技创新工作力度，不断提高开发利用的技术水平，延伸产业链，提高附加值，加强项目环境保护，实现绿色发展、可持续发展。

 怎样推动能源技术革命？

　　立足我国国情，紧跟国际能源技术革命新趋势，以绿色低碳为方向，分类推动技术创新、产业创新、商业模式创新，并同其他领域高新技术紧密结合，把能源技术及关联产业培育成带动我国产业升级的新增长点。

81 科技支撑打赢污染防治攻坚战应从哪些方面着力？

以提供重大环境问题系统性技术解决方案和发展环保高新技术产业体系为目标，形成源头控制、清洁生产、末端治理和生态环境修复的成套技术。突破生态评估、产品生态设计和实现生态安全的过程控制与绿色替代关键技术。开发生态环境大数据应用技术，建立智慧环保管理和技术支撑体系。

103

82 科技怎样助力打赢蓝天保卫战？

加快构建市场导向的绿色技术创新体系，实施污染防治攻坚战科技创新行动，研发支撑重点区域环境治理的关键技术装备，加强低碳技术创新。

83 如何认识人类战胜大灾大疫离不开科学发展和技术创新？

纵观人类发展史，人类同疾病较量最有力的武器就是科学技术，人类战胜大灾大疫离不开科学发展和技术创新。我国历史上有很多防治瘟疫的医疗著作和方法。《汉书·平帝纪》记载，元始二年，"民疾疫者，舍空邸第，为置医药"，提出了"隔离"是防疫的重要举措。明代中期我国就出现了预防天花的"人痘"接种术。18世纪末，英国科学家爱德华·琴纳发明了接种牛痘预防天花的方法，经过几代科学家不懈努力，最终研制出灭活天花病毒的疫苗。随着现代医学科技发展和公共卫生基础设施不断完善，霍乱、鼠疫、流感等这些曾经对人类造成巨大危害的传染病逐渐得到了有效控制。近些年来，在抗击严重急性呼吸系统综合征（SARS）、中东呼吸综合征（MERS）、

甲型 H1N1 流感、埃博拉病毒等多次重大传染病中，科学技术都发挥了重要作用。

84 怎样科学防范化解重大疫情和重大突发公共卫生风险？

加强疫病防控和公共卫生科研攻关体系和能力建设，统筹各方面科研力量，提高体系化应对能力和水平。加强战略谋划和前瞻布局，完善疫情防控预警预测机制，及时有效捕获信息，及时采取应对举措。研究建立疫情蔓延进入紧急状态后的科研攻关等方面指挥、行动、保障体系，平时准备好应急行动指南，紧

急情况下迅速启动。健全国家重大疫情监控网络，完善法律法规体系，加大前沿技术攻关和尖端人才培养力度。

85 我国新冠肺炎疫情防控科研攻关的主要方向有哪些？

我国新冠肺炎疫情防控主要从五个方面开展科技攻关，包括病毒病原学、检测技术和产品、临床救治和药物、疫苗研发、动物模型构建等。

86 如何推进生命安全和生物安全领域的重大科技创新？

生命安全和生物安全领域的重大科技成果也是国之重器，疫病防控和公共卫生应急体系是国家战略体系的重要组成部分。要完善关键核心技术攻关的新型举国体制，加快推进人口健康、生物安全等领域科研力量布局，整合生命科学、生物技术、医药卫生、医疗设备等领域的国家重点科研体系，布局一批国家临床医学研究中心，加大卫生健康领域科技投入，加强生命科学领域的基础研究和医疗健康关键核心技术突破，加快提高疫病防控和公共卫生领域战略科技力量和战略储备能力。要加快补齐我国高端医疗装备短板，加快关键核心技术攻关，突破这些技术装备瓶颈，实现高端医疗装备自主可控。

87 为什么要重视海洋科技？

习近平总书记指出：建设海洋强国，我一直有这样一个信念。发展海洋经济、海洋科研是推动我们强国战略很重要的一个方面，一定要抓好。关键的技术要靠我们自主来研发，海洋经济的发展前途无量。海洋经济、海洋科技将来是一个重要主攻方向，从陆域到海域都有我们未知的领域，有很大的潜力。

> **重要论述** 推动海洋科技向创新引领型转变

2013年7月30日，习近平总书记在主持中共中央政治局第八次集体学习时指出，建设海洋强国必须大力发展海洋高新技术。要依靠科技进步和创新，努力突破制约海洋经济发展和海洋生态保护的科技瓶颈。要搞好海洋科技创新总体规划，坚持有所为有所不为，重点在深水、绿色、安全的海洋高技术领域取得突破。尤其要推进海洋经济转型过程中急需的核心技术和关键共性技术的研究开发。

88 如何加强空天技术对经济社会发展和国防安全的服务支撑作用？

发展新一代空天系统技术和临近空间技术，提升卫星平台和载荷能力以及临近空间持久信息保障能力，强化空天技术对国防安全、经济社会发展、全球战略力量部署的综合服务和支撑作用。

为什么说人工智能是赢得全球科技竞争主动权的重要战略抓手？

　　人工智能是新一轮科技革命和产业变革的重要驱动力量，是引领这一轮科技革命和产业变革的战略性技术，具有溢出带动性很强的"头雁"效应。加快发展新一代人工智能是事关我国能否抓住新一轮科技革命和产业变革机遇的战略问题，是我们赢得全球科技竞争主动权的重要战略抓手，是推动我国科技跨越发展、产业优化升级、生产力整体跃升的重要战略资源。

1956 年，美国达特茅斯会议提出人工智能概念

习近平：推动我国新一代人工智能健康发展

 如何认识强大人工智能的崛起可能是最好的事也可能是最糟糕的事？

人工智能技术发展和其他技术进步一样，也是一把"双刃剑"。由于技术的不确定和应用的广泛性，人工智能发展可能带来改变就业结构、冲击法律和社会伦理、侵犯个人隐私、挑战国际准则等问题。著名物理学家霍金就曾表示，强大人工智能的崛起，对人类来说，可能是最好的事情，也可能是最糟糕的事情。

 如何确保人工智能安全、可靠、可控？

当前，我国对人工智能安全问题的研究还相对薄弱，政策应对和法治建设也相对滞后，必须高度重视起来，加强前瞻预防和约束引导，最大限度降低风险。要加强人工智能发展的潜在风险研判和防范，维护人民利益和国家安全，确保人工智能安全、可靠、可控。要加快建立人工智能安全监管和评估体系，加强人工智能对国家安全和保密领域影响的研究和评估，完善人、技、物、管配套的安全防护体系，构建人工智能安全监测预警机制。整合多学科力量，加强人工智能相关法律、伦理、社会问题研究，建立健全保障人工智能健康发展的法律法规、制度体系、伦理道德。

92 如何防范和化解人工智能带来的数据隐私泄露等相关风险？

人工智能应用决不能以隐私泄露为代价。隐私权不容侵犯，它既是公民的基本权利，也是社会文明进步的显著标志。有效保护隐私有利于人们维护人格尊

严、保持心情舒畅，有利于促进人的全面发展。人工
智能技术无论如何发展、发展到什么程度，归根结底
都是为了辅助人、服务人，为使用者提供便利，而不
能成为肆意损害人格权利、恶意泄露个人隐私的工
具。这是人工智能应用必须坚守的底线，否则人工智
能技术就会失去价值，也难以走远。

有效保护隐私是人工智能应用必须坚守的底线

93 我国如何发展负责任的人工智能？

2019 年 6 月 17 日，我国新一代人工智能治理专业委员会发布《新一代人工智能治理原则——发展负责任的人工智能》，强调"和谐友好、公平公正、包容共享、尊重隐私、安全可控、共担责任、开放协作、敏捷治理"等八条原则，要求人工智能发展应尊重和保护个人隐私，充分保障个人的知情权和选择权。人工智能从业人员要树立社会主义核心价值观，加强自律，规范技术应用的标准、流程、方法，最大限度尊重和保护个人隐私。在法律层面，应加快制定加强隐私保护的法规制度。

> **❯ 相关知识　负责任的研究与创新**
>
> "负责任的研究与创新"（Responsible Research and Innovation，简称 RRI）兴起于欧洲，着重关注研究与创新中的"责任"，指的是在科研和创新过程中

社会各主体之间分工协同，将更多要素纳入责任系统之中，追求创新成果绿色化和普惠化，强调科技创新过程的伦理和社会影响，以及对科技创新实践进行管理，更好地造福社会。

94 为什么说量子科技对保障国家安全具有非常重要的意义？

量子科技发展具有重大科学意义和战略价值，是一项对传统技术体系产生冲击、进行重构的重大颠覆性技术创新，将引领新一轮科技革命和产业变革方向。近年来，量子科技发展突飞猛进，成为新一轮科技革命和产业变革的前沿领域。加快发展量子科技，对促进高质量发展、保障国家安全具有非常重要的作用。

习近平：深刻认识推进量子科技发展重大意义，加强量子科技发展战略谋划和系统布局

篇四

提高科技安全治理能力

95 如何提高科技安全工作的政治站位？

以习近平新时代中国特色社会主义思想为指导，深入学习贯彻习近平总书记关于总体国家安全观和科技创新的重要论述，坚持和加强党对科技工作的全面领导，增强"四个意识"，坚定"四个自信"，做到"两个维护"。用总体国家安全观武装头脑，以国家利益至上为准则，以人民安全为宗旨，牢固树立国家安全和科技安全意识，坚持底线思维，发扬斗争精神，增

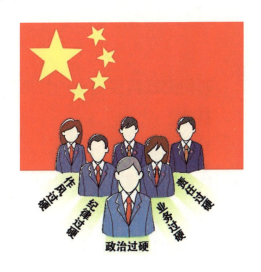

强斗争本领，切实增强维护科技安全的政治责任感。

 新时代做好科技安全工作应遵循哪些要求？

新时代维护科技安全应做好五个坚持：一是坚持党的领导，贯彻总体国家安全观。二是坚持问题导向，聚焦重大需求。三是坚持超前部署，积极主动防范。四是坚持自主创新，以发展保安全。五是坚持深化改革，提高治理效能。

 如何夯实科技安全的物质技术基础？

为加强科技安全，必须夯实物质技术基础，提供基础设施和能力保障。为此，应加快重大创新基地和科技平台建设。要加快建设以国家实验室为引领的创新基础平台；推进大型科学仪器、自然科技资源、科技文献、科学数据等重要科技平台建设和开放共享服务；推进国家重大科研基础设施建设，为增强科技安全能力提供有力支撑；积极提出并牵头组织国际大科学计划和大科学工程。要把人才资源开发放在科技创新最优先的位置，改革人才培养、引进、使用等机制，努力造就一批世界水平的科学家、科技领军人才、工程师和高水平创新团队。注重培养一线创新人才和青年科技人才。

> **延伸阅读**　"神威·太湖之光"超级计算机

　　"神威·太湖之光"超级计算机是国家 863 计划信息技术领域重大项目支持的课题，于 2016 年 6 月和 11 月两次摘得世界高性能计算 Top 500 排名第一。它是全球第一台性能超过十亿亿次的计算机，并且全部采用国产高性能众核处理器构建。其峰值运算性能、持续性能和系统能效比等三大技术指标同比大幅度领先，标志着我国超级计算机在自主可控、峰值速度、持续性能、绿色指标等方面实现了突破。

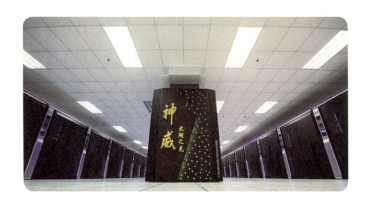

98 如何深化科技体制改革为科技安全奠定体制机制基础？

深化科技体制改革，推进科技治理体系和治理能力现代化，是建设和完善国家科技安全体制机制的重要保障。落实"抓战略、抓规划、抓政策、抓服务"的要求，加快转变政府职能，加强科技创新资源、任务和政策的统筹配置，加快提升科技治理能力，持续优化科技政策环境和创新生态。构建项目、基地、人才、资金、数据统筹规划和一体化配置机制。实施"揭榜挂帅"等新型项目组织方式。加强学风作风建设和科技监督，营造全社会崇尚创新的舆论氛围。

99 为什么说我国科技安全管理还比较薄弱？

在科技领域，重发展轻安全的思想广泛存在。科技安全管理受到体制、文化、安全意识、人才和环境等多方面因素影响。同时，我国科技安全预警、监测和管理体系建设处于起步阶段，识别、防控和应对科技安全问题能力还十分薄弱。必须加快建设国家科技安全预警监测体系，完善相关法律法规，加强管控和及时应对，保证我国科技发展和科技安全不受威胁。

100 如何建立科技安全管理责任机制？

牢固树立和全面贯彻总体国家安全观，把科技安全工作贯穿于科技工作的各个方面和各个环节，建立科技安全工作分级分类管理责任机制，明确管理事项、责任主体和工作程序。

> **相关知识** 《党委（党组）国家安全责任制
> 规定》
>
> 2018年4月17日，十九届中央国家安全委员会第一次会议审议通过了《党委（党组）国家安全责任制规定》，明确了各级党委（党组）维护国家安全的主体责任，要求各级党委（党组）加强对履行国家安全职责的督促检查，确保党中央关于国家安全工作的决策部署落到实处。

101 科技安全工作链条主要包括哪些方面？

加强科技信息建设和管理、风险研判、预警监测、安全审查、处置管控和综合评估，打造科技安全工作完整链条。

102 怎样加强科技安全预警监测？

完善科技安全预警监测指标，加强国际科技发展趋势、新兴领域、重大项目、前沿技术和颠覆性技术的动态监测，及时总结评估我国科技安全状况，建立相关部门分工合作的预警工作机制。发挥智库作用，加强科技安全工作专家智力支撑。制定重大科技安全风险应对预案，加强风险研判和危机管控。建立科技安全动员机制，坚持平战结合，提高科技在重大安全事件中的应急反应能力。

103 科技安全法规制度建设的重点有哪些？

全面贯彻落实《国家安全法》，认真执行《生物安全法》，完善生物技术研究开发管理规范，严格执行人类遗传资源管理、实验室生物安全管理等法规。完善国家科技保密制度，强化事关国家安全和重大利益的敏感领域、重大项目、重点机构保密管理。建立实施国家技术安全清单制度，严格执行国家禁止出口限制出口技术审查。在人工智能研发应用、生物医学研究等领域，全面推行伦理审查制度。加强无人驾驶、区块链等新兴领域立法研究，积极推动各国就共同关心的技术领域安全风险管控开展国际对话，参与和引导相关全球治理规则的制定。

104 《科学技术进步法》中哪些内容与科技安全有关？

2007 年修订的《科学技术进步法》规定，国家实行科学技术保密制度，保护涉及国家安全和利益的科学技术秘密；国家实行珍贵、稀有、濒危的生物种质资源、遗传资源等科学技术资源出境管理制度；国家禁止危害国家安全、损害社会公共利益、危害人体健康、违反伦理道德的科学技术研究开发活动；国家鼓励利用财政性资金设立的科学技术基金项目或者科学技术计划项目所形成的知识产权首先在境内使用。这些知识产权向境外的组织或者个人转让或者许可境外的组织或者个人独占实施的，应当经项目管理机构批准。

105 《人类遗传资源管理条例》对保护重要科技资源有何规定？

《人类遗传资源管理条例》第七条规定，外国组织、个人及其设立或者实际控制的机构不得在我国境内采集、保藏我国人类遗传资源，不得向境外提供我国人类遗传资源；第八条规定，采集、保藏、利用、对外提供我国人类遗传资源，不得危害我国公众健康、国家安全和社会公共利益。

> **相关知识**　《人类遗传资源管理条例》

为有效保护和合理利用我国人类遗传资源，维护公众健康、国家安全和社会公共利益，2019 年 3 月 20 日国务院第 41 次常务会议通过《中华人民共和国人类遗传资源管理条例》，并于 2019 年 7 月 1 日起施行，从加大保护力度、促进合理利用、加强规范、优化服务监管等方面对人类遗传资源管理作出规定。

中华人民共和国
人类遗传资源管理条例

中国法制出版社

106 对外提供国家科学技术秘密有何审批程序和要求？

《科学技术保密规定》第三十二条规定，对外科学技术交流与合作中需要提供国家科学技术秘密的，应当经过批准，并与对方签订保密协议。绝密级国家科学技术秘密原则上不得对外提供，确需提供的，应当经中央国家机关有关主管部门同意后，报国家科学技术行政管理部门批准；机密级国家科学技术秘密对外提供应当报中央国家机关有关主管部门批准；秘密级国家科学技术秘密对外提供应当报中央国家机关有关主管部门或者省、自治区、直辖市人民政府有关主管部门批准。

107 《生物安全法》对科技伦理有哪些规定？

　　《生物安全法》第三十四条规定，国家加强对生物技术研究、开发与应用活动的安全管理，禁止从事危及公众健康、损害生物资源、破坏生态系统和生物多样性等危害生物安全的生物技术研究、开发与应用活动。从事生物技术研究、开发与应用活动，应当符合伦理原则。

❯ 相关知识　《生物安全法》

　　2020 年 10 月 17 日第十三届全国人民代表大会常务委员会第二十二次会议通过《中华人民共和国生物安全法》，主要内容包括生物安全风险防控体制、防控重大新发突发传染病和动植物疫情、生物技术研究开发与应用安全、病原微生物实验室生物安全、人类遗传资源与生物资源安全、防范生物恐怖与生物武器威胁、生物安全能力建设等。

108 从事哪些涉及人类遗传资源的活动须经国务院科学技术主管部门批准？

《生物安全法》第五十六条规定，从事下列活动，应当经国务院科学技术主管部门批准：

（一）采集我国重要遗传家系、特定地区人类遗传资源或者采集国务院科学技术主管部门规定的种类、数量的人类遗传资源；

（二）保藏我国人类遗传资源；

（三）利用我国人类遗传资源开展国际科学研究合作；

（四）将我国人类遗传资源材料运送、邮寄、携带出境。

前款规定不包括以临床诊疗、采供血服务、查处违法犯罪、兴奋剂检测和殡葬等为目的采集、保藏人类遗传资源及开展的相关活动。

为了取得相关药品和医疗器械在我国上市许可，在临床试验机构利用我国人类遗传资源开展国际合作临床试验、不涉及人类遗传资源出境的，不需要批准；但是，在开展临床试验前应当将拟使用的人类遗传资源种类、数量及用途向国务院科学技术主管部门备案。

境外组织、个人及其设立或者实际控制的机构不得在我国境内采集、保藏我国人类遗传资源，不得向境外提供我国人类遗传资源。

109 科研人员践行科研诚信须遵循哪些规定要求？

科研人员要恪守科学道德准则，遵守科研活动规范，践行科研诚信要求，不得抄袭、剽窃他人科研成果或者伪造、篡改研究数据、研究结论；不得购买、代写、代投论文，虚构同行评议专家及评议意见；不得违反论文署名规范，擅自标注或虚假标注获得科技计划（专项、基金等）资助；不得弄虚作假，骗取科技计划（专项、基金等）项目、科研经费以及奖励、荣誉等；不得有其他违背科研诚信要求的行为。

> 延伸阅读　《肿瘤生物学》撤稿事件

　　2017年4月21日，施普林格自然出版集团发布声明，该集团旗下《肿瘤生物学》（*Tumor Biology*）期刊撤下所刊登的107篇论文，作者全部来自中国，撤稿原因是论文作者编造审稿人和同行评审意见。随后，科学技术部牵头会同相关部门，对撤稿论文逐一彻查处理，各涉事作者所在单位按照统一的处理规则，区分涉事作者参与论文造假的事实情况和具体情节，依据法律法规等相关规定，对涉事作者进行处理。

110　科研违规行为会受到哪些处理？

　　对科学技术活动违规行为，视违规主体和行为性质，可单独或合并采取以下处理措施：警告；责令限期整改；约谈；一定范围内或公开通报批评；终止、撤销有关财政性资金支持的科学技术活动；追回结余资金，追回已拨财政资金以及违规所得；撤销奖励或荣誉称号，追回奖金；取消一定期限内财政性资金支持的科学技术活动管理资格；禁止在一定期限内承担或参与财政性资金支持的科学技术活动；记入科研诚信严重失信行为数据库。违规行为涉嫌违反党纪政纪、违法犯罪的，移交有关机关处理。

111 相关部门和单位在科学技术保密管理中的主要职能是什么？

国家科学技术行政管理部门管理全国的科学技术保密工作。省、自治区、直辖市科学技术行政管理部门管理本行政区域的科学技术保密工作。中央国家机关在其职权范围内，管理或者指导本行业、本系统的科学技术保密工作。机关、单位应当实行科学技术保密工作责任制，健全科学技术保密管理制度，完善科学技术保密防护措施，开展科学技术保密宣传教育，加强科学技术保密检查。

112 机关、单位的科技保密职责是什么？

　　机关、单位管理本机关、本单位的科学技术保密工作。主要职责如下：（一）建立健全科学技术保密管理制度；（二）设立或者指定专门机构管理科学技术保密工作；（三）依法开展国家科学技术秘密定密工作，管理涉密科学技术活动、项目及成果；（四）确定涉及国家科学技术秘密的人员，并加强对涉密人员的保密宣传、教育培训和监督管理；（五）加强计算机及信息系统、涉密载体和涉密会议活动保密管理，严格对外科学技术交流合作和信息公开保密审查；（六）发生资产重组、单位变更等影响国家科学技术秘密管理的事项时，及时向上级机关或者业务主管部门报告。

113 怎样提高公民科技安全意识？

国家科技安全的根基在人民、力量在人民、血脉在人民，人民对国家的认同和支持是维护国家科技安全的不竭动力。提高公民科技安全意识，为维护国家

科技安全作贡献的方式多种多样。可以在单位内部建立规章制度、形成组织网络，动员、组织本单位的人员防范、制止危害科技安全的行为。还可以通过培训、宣传、研讨等形式，提升本单位及相关人员维护国家科技安全的意识和能力。

视频索引

后　记

　　科技安全是国家安全的重要组成部分，是支撑国家安全的重要力量和物质技术基础。习近平总书记对维护科技安全高度重视，作出一系列重要指示批示，强调坚持总体国家安全观，要以人民安全为宗旨，以政治安全为根本，以经济安全为基础，以军事、科技、文化、社会安全为保障，以促进国际安全为依托；指出要构建集政治、国土、军事、经济、文化、社会、科技、网络、生态、资源、核、海外利益等领域安全于一体的国家安全体系。为推动学习贯彻总体国家安全观走向深入，引导广大公民增强维护科技领域国家安全的责任感使命感，中央有关部门组织编写了本书。

　　本书由科学技术部负责编写。王志刚任本书主编，相里斌任副主编，解敏、汪航、廖建华、陈宝明、蔡晓军、彭春燕任编委会成员。本书调研、写作和修改主要工作人员有：刘一璇、陈阳、张志刚、封颖、刘蕊、张恒。参加本书审读的主要人员有：范维澄、王挺、韩臻、房汉廷、刘琦岩、孙福全。丁坤善等在图片方面提供了帮助。本书由科学技术部政策法规与创新体系建设司具体牵头编写，科学技术部科技人才交流开发服务中心在组织专家、具体编撰中发挥了重要作用，人民出版社等单位给予了大力支持。在此，一并表示衷心感谢。

书中如有疏漏和不足之处，还请广大读者提出宝贵意见。

编　者

2021 年 3 月

组稿编辑：张振明

责任编辑：池　溢　安新文　刘彦青

装帧设计：周方亚

责任校对：陈艳华

图书在版编目（CIP）数据

国家科技安全知识百问／《国家科技安全知识百问》编写组著 . —

北京：人民出版社，2021.4

ISBN 978－7－01－023322－2

I.①国…　II.①国…　III.①科学技术－安全管理－中国－

问题解答　IV.① F832－44

中国版本图书馆 CIP 数据核字（2021）第 061558 号

国家科技安全知识百问

GUOJIA KEJI ANQUAN ZHISHI BAIWEN

本书编写组

人民大版社 出版发行

（100706　北京市东城区隆福寺街 99 号）

北京尚唐印刷包装有限公司印刷　新华书店经销

2021 年 4 月第 1 版　2021 年 4 月北京第 1 次印刷

开本：880 毫米 × 1230 毫米 1/32　印张：5

字数：46 千字

ISBN 978－7－01－023322－2　定价：22.00 元

邮购地址 100706　北京市东城区隆福寺街 99 号

人民东方图书销售中心　电话（010）65250042　65289539